おさなごのように

天の父に甘える
七十七の祈り

晴佐久昌英

女子パウロ会

おさなごのように

天の父に甘える七十七の祈り

イエスは乳飲み子たちを呼び寄せて言われた。
「神の国はこのような者たちのものである。
はっきり言っておく。
子どものように神の国を
受け入れる人でなければ、
決してそこに入ることは
できない」（ルカ18・16ａｃ、17）

はじめに

お母さんの胸に抱かれた赤ちゃんが、小さな目を開いてお母さんの顔を見上げます。
お母さんはほほえんで、「ああ、いい子、いい子」と言います。
赤ちゃんはにっこりして、「あぶー」と言います。

この幸いな交わりが、「祈り」の始まりです。

すべての人は、親から生まれてきました。といっても、「この世の親」のことではありません。この世の親に子どもを授けた、「まことの親」のことです。わたしたちはみな、この、まことの親の望みによって生まれ、その親心によって生かされ、その愛に目覚めるために生きています。

まことの親は、すべての人を、わが子として愛しています。そのまことの親のふところに抱かれ、温かなぬくもりを感じ、優しい言葉に包まれて、親子がひとつになる幸いな交わりこそが、「祈り」です。

わたしたちはそんな祈りのうちに生まれ、そんな祈りのために生きています。何かのために祈るというよりは、祈ることが、生きることなのです。

赤ちゃんは、おなかがすくと、「ばぶー」と言います。お母さんは、「はい、はい」と言って、ミルクを飲ませます。

赤ちゃんは、眠くなると、「ふぎゃあ」と泣きます。お母さんは、「よし、よし」とあやしながら、寝かしつけます。

そんなやりとりも、すべて祈りです。

まことの親のふところで、「あぶー」と祈る、感謝と賛美。

まことの親の恵みを求めて、「ばぶー」と祈る、信頼と希望。

まことの親の愛にすがって、「ふぎゃあ」と祈る、悲嘆と懇願。

まことの親はそのすべてを初めからご存じですし、そのすべてを受け止めてくださいます。そうして何もかも、わが子にとっていちばん良いように計らってくださいます。

そのような、まことの親との根源的な交わりを、たったひと言の祈りで表すことができます。

「天の父よ！」

なんと単純で、美しい祈りでしょう。天地を結ぶ、基本の祈りです。

「天の」というのは、すべてを超えて、偉大で、完全で、永遠なる親のすばらしさを表しています。

「父」というのは、すべてを包んで、共にいて、優しくて、安心できる親の愛を表しています。これは「天の母」でもいいし「天の親」でもいいのですが、ここでは、古くから広く言い習わされてきた「天の父」という言葉を大切にしています。

「よ！」というのは、そのように偉大でありながら、同時に愛そのものである親を、あたかも目の前にいるかのように、親しく呼びかけることを表しています。

おさなごが、ひと言「ママ！」と呼ぶだけで、母親はわが子が何を言いたいのかが分かるように、わたしたちが「天の父よ！」と呼びかけるだけで、まことの親はすべてを受け止めてくださいます。そうして呼び続けるうちに、それこそ、呼ぶまえから母と子が分かちがたく結ばれているように、わたしたちも、初めから天の父とひとつに結ばれていたことに目覚めていくでしょう。

考えてみれば、わたしたちが親を呼ぶまえに、親がわたしたちを呼んでいたはずです。

繰り返し、繰り返し、愛情を込めて呼ばれたからこそ、おさなごは親を知り、親を呼び始めるのですから。つまり、「天の父よ！」と呼ぶのは、実は、このわたしを呼んでくださる天の父への、お返事なのです。

うれしいとき、悲しいとき、どんなときも、「天の父よ！」と祈りましょう。

まずは、「天の父よ！」だけでも、十分です。そのあとに、自分の言葉で自由にお祈りします。おさなごが、初めに「ママ！」と呼び、そのあとでおしゃべりするように。

この本は、そのような「自由なお話し」を手助けするためにつくりました。賛美や感謝だけでなく、悲しいときや苦しいときの祈りもあります。どう祈っていいか分からないというときや、祈る元気もなくしたときに開いていただければ、きっと何か発見があると思います。

また、どんな人でも祈ることができるよう、なるべく宗教的な言葉を用いないように工夫しましたので、特定の宗教や信仰にとらわれることなく、すべてを超えてすべてを愛している「まことの親」との交わりとして祈っていただけると、うれしいです。

さらに、親しみやすく響きのいい単語を選び、言葉のリズムを整えてありますから、ぜひ、ゆっくりと、声に出して祈ってみてください。気に入った祈りがあったら、繰り返し祈って、できれば暗唱してみましょう。繰り返すうちに、いつの間にか、心が穏やかになっていくでしょう。

さあ、祈りましょう。
祈れば祈るほど、わたしたちはいっそう親心に目覚めて、幸いな子どもになります。
祈れば祈るほど、天の父はいっそうわたしたちを抱きしめて、喜んでくださいます。
いつでも、どこでも、信頼して、安心して、おさなごのように祈りましょう。
わたしたちは、祈るために生まれてきたのですから。

「天の父よ！」

もくじ

人々と共に

結ばれた者として

苦しみの中で

天の父に甘える七つの祈り

死から命へ

人生の歩みをゆだねて

天の父にささげる七つの祈り

装丁・レイアウト／菊地信義

天の父を呼ぶ七つの祈り

天の父を呼ぶ祈り

一

天の父よ

二

わたしを愛しておられる
天の父よ

三

大いなる天におられ
小さなわたしと共におられ
すべての人を救ってくださる
わたしたちの天の父よ

四

天の父よ
あなたを信じます
あなたを望みます
あなたを愛します
天の父よ

五

天の父よ
あなたに呼ばれて
わたしは生まれました
あなたを呼ぶために
わたしはここにおります
天の父よ

六

天の父よ
あなたを父と呼べるのは
あなたがわたしを呼んでくださったからです
天地創造の初めに
あなたはわたしを呼んでくださいました
この世に生まれたときも
試練の日々も
今このときも
あなたはわたしをわが子として呼んでおられます

どうかこれからも呼び続けてください
まことの親であるあなただけが知っておられる
わたしのまことの名を呼んでください
天の父よ
わたしもあなたを父と呼びます
あなたを呼ぶだけで
わたしは喜びに満たされます
あなたを呼んでいるときにこそ
わたしは安らぎに満たされます
あなたを呼ぶことで
わたしはわたしになれるのです
いつでもどこでも何度でも
あなたのみ名を呼ばせてください
天の父よ
天の父よ

七

天の父よ
あなたへの思いは
言葉では言い尽くせません
ただひたすらにあなたを呼び求め
あなたに向かってこの手をのばします
どうかあなたのみ手でわたしを抱き上げてください
父よ
おお、天の父よ

試練のとき

倒れた人の祈り

天の父よ
倒れてしまいました
起き上がることができません

ここまで精いっぱい歩いてきたことを
あなたはよくご存じです
これ以上は歩けないということも

今はもう何もできません
あなたを信じて祈るだけです
自ら起き上がることのできないわたしを
抱き起こしてください
あなたご自身の愛のみ手で

天の父よ

恐れているときの祈り

天の父よ
恐れにとらわれて心がすくんでいます
この恐れから解放してください
体のことが不安です
仕事のことが心配です
人間関係を恐れています
どうかこの恐れを取り除いて
あなたの愛を信じさせてください
わたしの恐れはわたしが生み出しているものです
あなたの愛のみ業《わざ》に信頼して
不安に打ち勝ち
心配をしずめ
だれとでも安らかに交わることができるように

弱いわたしに
祝福と希望をお与えください

疲れ果てた人の祈り

天の父よ
疲れ果ててしまいました
ごらんのとおり
何もすることができずにいます

仕事を続けることができません
忍耐する力もありません
こんなわたしが生きていていいのかさえも
分からなくなりました

正直いって祈ることも苦痛です
しばらく休ませてください
かかわっていることすべてから離れて

何も考えずにいたいのです

いつか元気が戻るときまで
あなたのみもとで眠らせてください
健やかに目を覚ますその日まで
あらゆる悪からお守りください

それまで沈黙のうちに過ごします
今はあなたもそれをお望みだと信じます
わたしのすべてを知っておられる父
天の父よ

独りぼっちの祈り

天の父よ
独りぼっちです

親に捨てられました
友だちにいじめられました
社会からも退けられました

恵まれた人たちは楽しそうに暮らし
町の中は笑顔であふれていますが
わたしには親しい友だちがいません
いつものけ者です

天の父よ

ごらんのとおり
心の中には恨みと嫉妬が渦巻いています

もうだれからも嫌われたくありません
これ以上人を嫌いたくありません
怒りに支配されたくありません
こんな自分がいやです

だれかと心を割って話したいです
だれかに心の底から愛されたいです
だれかを心から大切にして生きたいのです

天の父よ
独りぼっちはもういやです

失恋した人の祈り

愛の源である天の父よ
愛する人とお別れしました
愛し合った尊い日々を感謝します
今はあなたのみ心が理解できませんが
あなたの計らいを信じてすべてを受け入れます

あなたはわたしの心の痛みと
深い喪失感をすべてご存じです
どうかわたしの心に癒やしの恵みを与え
あの人の心にも平和をお与えください

わたしがこの試練に負けることなく
あなたへの信頼をいっそう深め

真の愛に目覚めて成長できるように
力をお与えください

み心ならば
いつの日かあなたが結んでくださる人と
生涯互いに愛と忠実を尽くすことを
誓い合うことができますように

信仰を失いかけたときの祈り

天の父よ
信仰を失いそうです
何もかもむなしく感じられます

今まで信じてきたことが
作り話のようにしか思えず
あなたをとても遠く感じるのです

繰り返し聞いてきたみ言葉も色あせて
愛や希望さえも
どうでもよくなってしまいました

天の父よ

あなたを信じられません
あなたが本当にいるのなら
冷えきったこの心に語りかけてください
あなたの温かい指先でわたしの魂に触れ
生きる喜びを感じさせてください
あなたがこのわたしを愛していることを
もう一度信じさせてください
あなたとわたしをひとつに結ぶ
聖なる霊を送ってください

もはや
あなたを感じることのできない
このむなしさに耐えることはできません
本当にわたしがあなたの子どもであるならば
どうか親心を示してください
あわれみの主

わたしの父
天の父よ

苦しみの中での祈り

天の父よ
助けてください
この苦しみから救ってください
あなたはあわれみ深いわたしの父
わたしのすべてをご存じです

あなたを信じます
わが子をかぎりなくいつくしむ
あなたの親心を信じます

吹雪の夜のあとに
光の朝がくるように
もうすぐ試練のときは過ぎて

喜びの日々が始まると信じています
どうかその日を早めてください
天の父よ

人々と共に

天の父のあわれみを願う祈り

天の父よ
苦しんでいる人々をあわれんでください
体が少しでも楽になりますように
心が少しでも明るくなりますように
あなたの愛の中で身も心も安らぎますように
あなたはそれがおできになります
痛みと恐れを取り除き
救いの喜びを与えてくださると信じます
み心ならば
すぐにでも与えてくださると信じます
あなたはあわれみそのものです
今はそのあわれみによりすがるだけです
どうかあなたの子どもたちを

親心をもってあわれんでください
弱いわたしたちに不滅の希望をお与えください
天の父よ
あわれみ深い天の父よ

迫害されている人のための祈り

すべてを支配しておられる天の父よ
この世界に真の平和をつくり出し
人々に自由と喜びをもたらすために
迫害されている人たちを
永遠の愛で力づけてください

かつて同じように迫害され
ときには命をささげて
今はみ国で報いを受けている聖なる人たちを
試練のうちにある彼らのもとに遣わして
希望の光で照らしてください

わたしたちも心を合わせて

真心の祈りと小さな忍耐をささげます
尊い犠牲の道をいく者が
あなたを信じる心を失うことなく
豊かな実りを味わうことができますように

一致を願う祈り

天の父よ
世界をひとつに結んでください
あなたの愛する子どもたちが
互いに兄弟であることに目覚め
手をとり合って生きることができるように
信頼の絆で結んでください

天の父よ
あなたの大切な子ども同士が
恐れと疑いを超えて
顔を合わせて話し合い
過ぎし日の過ちをゆるし合い
生き方の違いを受け入れ合うことができるように

広い心をお与えください

まことの親である天の父よ
あなたのすべての子どもたちが
ひとつの家族になって共に喜び合う
あなたのみ国がきますように

和解を願う祈り

天の父よ
争い合うわたしたちをひとつに結んでください

分裂しているのはわたしたちで
あなたではありません
分裂しているのはわたしたちの心で
あなたの愛はひとつです

あなたのみ言葉を語り
あなたのみ旨を行い
あなたの食卓を囲む
あなたの子どもたちをひとつにしてください

天の父よ
わたしたちが争い合うことで
あなたご自身を傷つけていることをおゆるしください
わたしたちは真心から一致を祈り求めます
わたしたちの回心と和解が
あなたの喜びとなり
永遠なる天の宴《うたげ》の目に見えるしるしとなりますように

働く人の祈り

天の父よ
あなたから与えられた仕事を
精いっぱい果たすことがわたしの祈りです

生きるために働くことは
生かされている日々の感謝の祈りです
みんなのために働くことは
だれかのお役に立てる喜びの祈りです
聖なるあなたのために働くことは
この世で最も尊い賛美の祈りです

体がきついときも
心が折れそうなときも

祈りの心で働くことができるように
勇気と力をお与えください

働く者を愛する父よ
あなたが任せてくださった毎日の仕事を
わたしの真心の祈りとしておささげします

天に召された人の取り次ぎを願う祈り

天の父よ
あなたのみ心のうちに
天に召された○○さんのために祈ります

○○さんの尊い人生の喜びと悲しみ
その労苦と忍耐
とりわけその奉仕と犠牲を
あなたの誉れとしてお受けとりください

今はあなたのみもとで
すべての聖なる人たちと共に働き始めた○○さんの
取り次ぎの祈りによって
残されたわたしたちを力づけてください

特にわたしたちが
病に苦しんでいるとき
危険な目に遭っているとき
困難に直面したときには
生前もわたしたちを大切にしてくれた◯◯さんを
聖なる霊の働きのうちに遣わして
弱いわたしたちを強めてください

試練の世を生きるわたしたちが
あなたの愛への信頼を深め
あなたのみ国への希望を
新たにすることができますように

自然環境を大切にする祈り

すべてのものの創り主である天の父よ
あなたがお創りになった天地万物を賛美します
わたしたちに命を与えてくださったことを感謝します

あなたがお創りになったこの地球は
あなたの愛の目に見えるしるしです
地球の上に生み出してくださった生命は
あなたの愛を受け止めるために生きています

あなたの喜びである
美しい地球を汚すことなく
聖なる星として守ることができますように

あなたの栄光を映す
清らかな自然を壊すことなく
すべての命と結ばれて
みな共に生きていくことができますように

あなたの似姿である人類が
欲望のために環境を破壊することなく
大自然の実りを独占することなく
あらゆる恵みを互いに分かち合うことができますように

結ばれた者として

集められた者の祈り

天の父よ
あなたがお集めになった
この集いを祝福してください
互いに受け入れ合い
あらゆることを分かち合い
共にいる喜びを味わわせてください
互いに何も求めず
責めることも裁くこともなく
お互いがただそこにいるだけでうれしくなる
恵みの集いとしてください
争いの世にあって
わたしたちが魂の世界で結ばれ
心をひとつにして

共に生きる姿が
あなたの喜びとなり
人々の希望となりますように

恋人の祈り

天の父よ
わたしたちを出会わせてくださり
愛情で結んでくださったことを感謝します

二人が互いの良いところも悪いところも認め合い
弱さを受け入れ合い
過ちをゆるし合うことができますように

どんなことも話し合い
相手が苦しいときは支え合い
足りないところを補い合うことができますように

これからも恵みの日々を分かち合い

信頼を深め合い
試練のときにこそ愛し合って
お互いをとおしてあなたの愛に触れ
いっそうあなたを愛することができますように

愛の源である天の父よ
み心ならば
わたしたちをあなたのみ前で夫婦として結んでください

夫婦の祈り

人間を創造された天の父よ
あなたは人が独りでいるのはよくないと
それぞれの人にちょうどふさわしい
助ける者を与えてくださいました

わたしたち夫婦がいつも支え合い
喜びも悲しみも分かち合い
共に今日を生きていくことができるのは
すべてあなたのみ旨によるものです

弱い二人がこれからも信じ合い
ゆるし合うことができるよう
あなたが結んだ絆をいっそう強めてください

どんなときも互いに寄り添い
ほほえみ合うことで
あなたの愛を表すことができますように

両親の祈り

恵みあふれる天の父よ
わたしたちに子どもを授けてくださったことを
心から感謝します
いかなる困難にあっても
あなたの愛するあなたの子どもを
大切に育てて幸せにします

どうか家族みんなが生きるための
日ごとの糧をお与えください
弱いわたしたちを祝福で満たし
あなたの子らをあらゆる危険からお守りください
家族が平和に暮らせるならば
ほかに何も望みません

まことの家族を求める祈り

天の父よ
あなたをまことの親として
共に生きる家族をお与えください
血縁によるのではなく
あなたによって結ばれる家族をお与えください
無償で与え合い
無条件で助け合い
安心して信じ合える
まことの家族をお与えください
喜びも悲しみも分かち合い
心をひとつにして生きることによって
あなたの愛を世に示すものとなりますように

会食を始めるときの祈り

天の父よ
あなたの子どもたちを
この食卓に集めてくださったことを感謝します

わたしたちは
ひとつの家族として
あなたの愛をいただきます

この食事が
一致のしるしとなり
あなたの喜びとなりますように

会食を終えるときの祈り

天の父よ
あなたの子どもたちを
命の糧で満たしてくださったことを感謝します

いただいた恵みを
多くの兄弟と分かち合うために
わたしたちを遣わしてください

いつの日かみな共に
あなたのみ国で
永遠の宴《うたげ》にあずかることができますように

喜びの家族の祈り

天の父よ
あなたを父と呼ぶわたしたちを
喜びの家族として祝福してください
心をひとつにして祈り合い
思いをひとつにして支え合い
ひとつの家族となって
一緒に食事をするわたしたちを
あなたのみ国の目に見えるしるしとしてください
わたしたちの喜びがあなたの愛の証しとなり
人々にあなたの喜びをもたらすものとなりますように

苦しみの中で

心に悲しみを秘めた人の祈り

天の父よ
だれも知らないわたしの心の悲しみを
あなたの愛で癒やしてください

人前では明るく振る舞っていても
心の奥に秘めた悲しみは
決して消えることがありません
すべてを知っておられるあなただけが
わたしの心の安らぎです

わたしの父
いつの日か悲しみを喜びに変えてくださる
天の父よ

だれも知らないわたしの心の涙を
あなたにおささげします

心の病を背負っている人の祈り

天の父よ
心の病に苦しむわたしをあわれんでください
あなたは病んでいる心の苦しみと痛みをよくご存じです
弱い自分を責めて消し去りたくなります
治らないのではないかと不安でたまりません
休んでいる自分のことを恥じてあせるばかりです
つらかった昔を思い出すといっそうつらくなります
どうか今
苦しんでいるあなたの子どもたちにあわれみを注ぎ
癒やしの恵みをお与えください
救いの希望で力づけてください
いつの日か
嵐の過ぎ去った晴れやかな心で

みんなと笑顔で語り合い
あなたを賛美することができますように

うつに苦しむ人の祈り

天の父よ
起きることができません
眠ることもできません
食べることができません
祈ることもできません

もう消えてしまいたいのに
消えることもできません
本当に何もできないのです

できることはただひとつ
あなたに祈ることだけです
何もできない者の現実を知っておられ

何もできない者の苦しみを背負っておられる
あなたに祈ることだけです

どうか癒やしの恵みをお与えください
心からあなたに感謝するその日を早めてください
できることはただひとつ
あなたに祈り
あなたを信じ続けることだけです

わたしの父
天の父よ

死にたい人の祈り

天の父よ
なぜわたしを生んだのですか
なぜ生きていかなければならないのですか

天の父よ
こたえてくださらないのですか
この苦しみをご存じないのですか

世界はむなしく広がり
時間は無意味に流れます
心に何も喜びを感じません
もはや悲しみさえもありません

こんな自分を消し去りたいのに
もう終わりにしたいのに
天の父よ
なぜですか
あなたは今朝もわたしを目覚めさせ
こうして祈らせ
何か尊いことを始めようとしておられます

今のわたしにできることは
繰り返しあなたを呼ぶことだけです

天の父よ
わたしの天の父よ
わたしを生んだ天の父よ

ひきこもっている人の祈り

天の父よ
外に出られないわたしの心を
あなたはだれよりもよくご存じです

大勢の人の中で緊張し
元気に生きる人の中で萎縮し
立派に働いている人の中で劣等感を感じて
みんなと共にいるのがつらいわたしを
お救いください

いつも自分を恥じたり
だれかを責めたりするばかりで
何もする気になれません

失敗を恐れ
日々は過ぎるばかりで
何も始められません

本当は仲間と普通に会話をしたり
社会でだれかの役に立ったり
みんなと一緒に笑ったりしたいのです

天の父よ
今わたしには信じる力が必要です
今は何もできないわたしでも
あなたの喜びであることを教えてください
あなたに愛されるために生まれ
あなたに愛されて生きていることを悟らせてください
このままのわたしでも
みんなと共に生きていけるのだという

安心と希望をお与えください
わたしの父
天の父よ

祈れないときの祈り

天の父よ
祈ることができません
すべてが凍りついて
祈る言葉が見つかりません
あまりの苦しさに
祈る余裕もありません

ただひたすら時の過ぎるのを待つばかりです

どうしてこんなことになったのか
いつまでこんな試練が続くのか
どうすれば抜け出せるのか
何も分かりません

だれにも頼れません
どうすることもできません

ただひたすら頭を下げて黙するのみです

天の父よ
祈ることができません
この現実をあなたは知っておられます
こんなわたしを受け止めてください
いつかまた祈れる日がくると信じます
その日には真心込めて祈ります
それまでわたしをお守りください

救われた人の祈り

愛と命の与え主である天の父よ
喜びのうちに感謝と賛美をささげます
あなたはわたしに聖なる霊を注ぎ
閉ざされた心を開いてくださいました

暗く冷たい季節のあいだ
わたしが愛を見失っているときも
あなたが温め続けてくださったおかげです

今、永遠の光の中へ芽吹いた
この小さな信仰をお守りください
愛のあふれるあなたのみ国への希望をもって
いっそう成長していくことができますように

天の父に甘える七つの祈り

天の父に甘える祈り

一

天の父よ
あなたに甘えて祈ります
あなたの親心に包まれて
あなたとひとつになり
あらゆる言葉をしずめて
あなたにすべてをゆだねます
天の父よ

二

天の父よ
お願いいたします
弱いわたしたちをいつもお守りください
困難なときに力をお与えください
孤独のときに共にいてください
危険なときに助けてください
怖い思いをして希望を失いかけているときには
あなたの愛を信じさせてください
できるならば

苦しい思いも寂しい思いもしないですみますように
危険な思いも怖い思いもしませんように
天の父よ
お願いいたします
弱いわたしたちをいつもいつもお守りください
あなたこそわたしたちの安らぎ
わたしたちの慰め
天の父よ

三

天の父よ
何も分からない
小さく貧しいわたしを
今ここでお救いください
口を開いて愛のみ言葉を語ってください
手をのばして救いのみ業《わざ》を行ってください
今ここでわたしの魂に触れ
あなたの喜びで満たしてください
愛の源である天の父よ

四

天の父よ
あなたが父であることを賛美します
あなたの子どもであることを感謝します
あなたの温かい親心に包まれて
いつまでも安らぐことができますように
わたしたちのまことの親
天の父よ

五

天の父よ
あなたの子どもの心からの願いを聞き入れてください
身がってな願いであることは分かっています
しかしわたしがどんなにそれを願い求めているか
どれほど必要としているか
あなたはよくご存じです
もしも聞き入れてくださったならば
あなたのみ業《わざ》を賛美いたします
たとえ聞き入れてくださらなくても

それがわたしにとって良いことであると信じて
あなたのみ心を受け入れます
今はただわたしのすべてをゆだねて
あなたのかぎりなく温かい
親心を祈り求めます

わたしの父
いつくしみ深い天の父よ

六

天の父よ
どうかこの苦しみを遠ざけてください
もう一度この心に平和をお与えください
あなたはわたしの弱さをだれよりもよく知っておられます
どうかあなたのいつくしみを示してください
しかし
わたしの望みではなく
あなたの望みどおりになさってください
今この苦しみの中で

あなたの望みをわたしの望みとすることができるよう
恵みと力をお与えください
すべてを愛によって支配しておられる
天の父よ

七

天の父よ
ぜんぶよろしく

救いを求めて

進むべき道に迷ったときの祈り

天の父よ
どちらの道に進むべきか迷いました

判断する力と
決断する勇気がありません

み心ならば
あなたのお望みの道をお示しください

お示しにならないならば
すべてをゆだねてどちらかを選びます

どちらに進もうとも

あなたのみ国へ向かう道であると信じます
あなたが共に歩んでくださるこの旅路を
希望をもって歩み続けることができますように

探しものをするときの祈り

天の父よ
大切なものを失くしました
よく探したつもりですが見つかりません
すべてのものはあなたからいただいたものです
み心によって与えてくださったものを
見失ったことをおゆるしください
それがわたしにとってどれほど大切なものであるかを
あなたはよくご存じです
どうかなくしたものを見つけさせてください
あなたが失われた子羊を探し出されるように
わたしもいっそう真心込めて探します
見つけることができたときは
あなたのいつくしみに感謝して

みんなのために用います

演奏家がステージに上がるときの祈り

天の父よ
この恵みのときを感謝します
どうかわたしをあなたの道具として
聖なるあなたの喜びとしてください
授かった恵みを十分に発揮して
あなたの美しさを歌わせてください
おごりを捨てて無心に
恐れを超えて一心に
あなたのいつくしみを奏でさせてください
あなたがお選びになった
この小さく貧しい道具を祝福し
あなたのみ心のままに用いてください
苦難の旅路を歩む地上の旅人に

天上のほめ歌を響かせ
試練のうちにある神の子たちを慰め
あなたの栄光を現すことができますように

ものを祝福するときの祈り

恵みの源である天の父よ
あなたの子どもであるわたしたちに
聖なる祝福をお与えください

わたしたちが
疲れているとき
困っているとき
悩んでいるとき
恐れているとき
病んでいるとき
死を迎えるとき
あなたの助けを必要とするすべてのときに
弱く小さなわたしたちをお守りください

わたしたちの身も心も
人生における良いことも悪いことも
すべてあなたの祝福のうちにあることを
どんなときも忘れることがありませんように

今
これらのものを祝福し
あなたのかぎりない愛の
目に見えるしるしとしてください

回心の祈り

天の父よ
わたしはたびたび罪を犯しました

いつも自分のことばかり考えていました
冷たい言葉で人を悲しませました
わがままな行いで海と大地を汚しました
苦しむ人を助けることを怠りました
そして何よりも
かぎりないあなたの愛を忘れ
あなたから心が離れていました

天の父よ
わたしをあわれみ

すべての罪をゆるし
永遠の命へと招き入れてください

悪い子の祈り

天の父よ
ごらんのとおりわたしは悪い子です
自分かってです
正しいことをしたいのに
間違ったことばかりしてしまい
みんなと仲良くしたいのに
人を傷つけてしまいます
忍耐できず協調できず成長できず
何度失敗しても
上手に反省することができません

そんなわたしのすべてを知っていながら
なおもわたしを受け入れ

ゆるし続け
かぎりなく愛してくださる天の父よ
あなたの愛を信じます
あなたを愛します

野の花の祈り

すべての生みの親である天の父よ
あなたはわたしの命を芽吹かせ
わが子として養い育て
人々のために働くことも
上手に糸を紡ぐこともできないこの身を
こんなにも美しく着飾り
花開かせてくださいました

このさわやかな野原で
愛する花々と共に生きているのですから
明日は枯れてしまう身であっても
何ひとつ思い悩みません
今日という恵みの日に

あなたの透きとおる光の中で
精いっぱい感謝の花びらを開きます

選ばれた者として

呼び出された者の祈り

天の父よ
何も持っていないわたしを
あなたのお役に立てるために
あなたのもとに呼び出してくださったことを
心から感謝いたします

弱く小さなわたしが
何も知らず
何もできないことを
あなたはだれよりもよくご存じです

誇れることはただひとつ
あなたご自身がそんなわたしに目をとめ

信頼して呼び寄せてくださったことだけです

わたしのすべてを差し出します
どうぞみ心のままにお使いください
あなたのみ手の中で
いつまでもお役に立つことができますように

奉仕する人々の集いの祈り

恵み深い天の父よ
この集いを感謝と信頼のうちに始めます

ここに集うわたしたちは
あなたに選ばれて
すべての人の喜びのために働く仲間です
どうか一人ひとりを祝福し
あなたのお役に立ててください

この集いが
弱い人を助け
見捨てられた人を受け入れ
救いを求める人に希望を告げ知らせる

開かれた集いとなりますように

わたしたちは今日
互いによく聞き合い
あなたの望みを第一に考えながら
ひとつの家族として忍耐強く話し合います

わたしたちの奉仕が
苦しむ世界に平和と喜びを生み出し
あなたの願いである幸いな天のみ国を
もたらすものとなりますように

贈る人になることを願う祈り

すべての恵みの与え主である天の父よ
わたしたちを贈る人にしてください

困っている人に日ごとの糧を
悩んでいる人に希望の言葉を
苦しんでいる人に救いの喜びを
あなたのように
お返しを求めずに贈る人にしてください

あなたからの最高の贈りものである
あなたご自身の愛を贈られたわたしたちは
もう何もいりません

どうかわたしたちも
何ひとつ見返りを求めずに
愛を贈る人にしてください

良い知らせを告げる力を願う祈り

天の父よ
わたしの口を祝福してください
あなたのみ言葉を語るものとしてください

孤独の道を歩む者に
あなたの愛を知らせ
恐れにとらわれている魂に
救いの喜びを語り
死の淵に沈んでいる人に
永遠の命の希望を告げ知らせることができますように

今泣いている人に
涙は聖なる喜びに変わることを

今苦しんでいる人に
試練は尊い実りを生むことを
今十字架を背負っている人に
すべての傷は復活の栄光をもたらすことを
勇気をもって語らせてください

いつでもどこでもだれに対しても
「あなたは望まれて生まれてきた天の父の子だ」と
「あなたは今ここで天の父に愛されている」と
「あなたはすでに救われている」と
あなたの口となって
まっすぐに宣言することができますように

透明な天の父への祈り

天の父よ
あなたにいろいろな色をつけて
あなたご自身を見失っているわたしたちをおゆるしください

あなたは何色にも染まることのない
澄みきった光
すべての存在の内に流れている
透きとおる命の水
今もいつも永遠に変わることのない
純粋な愛

この世のどんな教えよりも真実で
この世のあらゆる善の生みの親であり

この世のすべてを超えて永遠に美しいお方
あなたは善人も悪人も
正しい人も正しくない人も愛し
生みの苦しみをとおしてわたしたちを養い育て
あらゆる現場で創造のみ業《わざ》を続け
いつの日か何ひとつ欠けたところのない
平和のみ国を完成させてくださいます

すべての色と共にあることができ
すべての汚れを洗い清めることができ
すべての囚われから解放することができるお方

あなたはこの世の神殿に閉じ込められない
自由な風
どんな知恵にも力にも支配されない

無限の働き
人の体験も歴史もはるかに超えた
聖なる存在

天の父よ
いろいろな色に迷わされることなく
透明なあなたご自身を愛することができるよう
わたしたちの心の目を開いてください

自然の中での祈り

天地の創り主である天の父よ
すべてのものはあなたの栄光を映しています

青い空はあなたの深い愛
白い雲はあなたのあふれる恵み
高い山はあなたの偉大な力
緑の森はあなたの豊かな命
清い水はあなたのかぎりないあわれみ
光る風はあなたの真理の霊
このわたしはあなたご自身を映しています

天地万物を愛しておられる天の父よ
あなたがお創りになったもののすべてを賛美します

共感する心を願う祈り

天の父よ
わたしたちに
人の苦しみに共感する心をお与えください

わたしたちが苦しむ人と共に苦しみ
悲しむ人と共に悲しむことによって
世界が優しい心を取り戻し
ひとつの家族のように結ばれますように

天の父よ
だれよりもあなたご自身が
わたしたちと苦しみを共にしておられます

あなたは苦しみから命を生み出し
悲しみを喜びに変えてくださる方です
わたしたちもあなたの心に結ばれて
共感する心で人々を救うことができますように

死から命へ

死を恐れるときの祈り

天の父よ
あなたがご存じのとおり
わたしは死を恐れています
自分が消えてしまうことを思うと
恐ろしくて震えます

信仰の薄いわたしを助けて
まことの命のすばらしさを教えてください
死は終わりではなく始まりであること
恐れているわたしはやがて過ぎ去り
不滅の魂こそがまことのわたしとなって
復活することに気づかせてください
わたしは死ぬのではなく

これから生まれていくのだという真理に
目覚めさせてください

恐れにとらわれているこの夜
わたしを永遠に愛してくださる
あなたの親心を信じて
安らかに眠りにつけますように

最期の祈り

天の父よ
あなたのお望みどおりに
今わたしのすべてをお返しします

あなたからいただいた家族との思い出
信じ合う仲間たちと過ごした日々
試練の闇をくぐり抜けた夜と
あなたの愛に目覚めた朝
命の鼓動を味わったこの体と
生きる喜びを宿したこの心
数え切れないほどの感動とときめき
ただひとりのわたしという奇跡
あなたからいただいたすべてを

感謝のうちにお返しします
今ついに迎えた誕生のとき
あなたの光を映す一粒のしずくとなって
あなたの愛の海に還《かえ》ります

誕生まえに召されたおさなごのための祈り

すべての人のまことの親である天の父よ
あなたはわたしたちの愛するおさなごを
あなたの計りしれないみ旨によって
この世に生まれるまえに
みもとにお召しになりました

短い日々でしたが
わが子と愛し合えたことを
心から感謝します

あなたが授けてくださった
あなたの愛する子を
あなたにお返しいたします

どうかあなたのみもとで
わたしたちを見守る天使にしてください
いつの日か
わたしたちもあなたに召されて
天で成長したわが子に会うことができますように

幼いわが子を亡くした親の祈り

まことの親である天の父よ
幼くして天に召されたわが子を
あなたにおゆだねします

わたしたちの喜びだったあの子が
あなたのみ国で天使のように遊び
あなたのみもとに集う聖なる人々に愛され
あなたのみ顔を仰ぎみてほほえみ
あなたのみ手に抱かれて安らかに眠り
あなたの喜びとなりますように

ひとときでもわが子と愛し合えた幸いと
この手から離れていく耐えがたい悲しみを

あなたにおささげします

わたしたちもいつの日か
あなたのみ心のままに天に召され
愛するわが子を
再びこの手で抱きしめる日を待ち望みます

大切な人を亡くした人の祈り

天地をつかさどっておられる天の父よ
大切な人を亡くして苦しんでいるわたしを救ってください

あなたがお召しになったあの人を
わたしがどれほど愛していたか
失った今どれほど苦しんでいるかを
あなたはだれよりも知っておられます

もう会えないという絶望と
もっと大切にすればよかったという後悔で
心は重い石のように固まり
世界が消えてしまったかのようです

なぜお召しになったのですか
なぜあの人なのですかと
むなしい思いが渦巻くばかりで
これからどう生きていけばいいのか分かりません

今こそ生みの苦しみの神秘を悟らせてください
すべての死は復活の始まりであり
すべての苦しみは永遠の喜びを生み出すと
信じさせてください

死は別れではなく
真の出会いと再会をもたらす誕生であり
今あの人はまことの命を生きていて
わたしたちと共にいるという希望をお与えください

すべての人の生みの親である天の父よ

わたしもいつの日かみもとに生まれ出たときに
みなひとつに結ばれて
いつまでも共に憩うことができますように

ペットを亡くした人の祈り

すべての生みの親である天の父よ
あなたが出会わせてくださった○○（ペットの名前）と
家族として一緒に生きてきた
恵みの日々を感謝します

○○は晴れの日も雨の日もそばにいて
共に喜び共に悲しんでくれました
寂しいとき苦しいとき
その澄んだ瞳に
どれほど慰められたことでしょう

人間があなたから離れて楽園から去っていったときも
清い心を失わずに楽園に残った動物たちは

地上で苦しむ人間を癒やしてくれる天使です
あなたがわたしのもとに遣わしてくださった
愛しい天使をあなたのもとにお返しします
楽しかった思い出と別れの悲しみを
すべてあなたにおささげします

愛する○○が
ふるさとの楽園で
幸せに走り回ることができますように

いつの日かわたしもそこへ還《かえ》りついたとき
わたしのもとへ走り寄るあの子を
再び抱きしめることができますように

死者のための祈り

わたしたちのまことの親である天の父よ
あなたはすべての人を
わが子として望んで生み
いつくしんで育て
あらゆる恵みをお与えになったのちに
み旨のままにあなたのみもとにお召しになります
すべてはあなたの愛のみ業《わざ》です

今あなたのいつくしみを信じて
わたしたちの愛する人をあなたにゆだねます
その生涯のすべてを受け入れ
あなたの愛で満たしてください
わたしたちもいつの日か

光り輝く天のみ国でひとつになって
あなたをほめたたえることができますように

人生の歩みをゆだねて

今このときを生きる祈り

天の父よ
あなたのみ手のうちにある今このときを賛美します
あなたは今日もこのわたしを創り続けておられます
わたしはもはや過ぎた昨日を振り返りません
恨みも後悔も捨て去ります
まだきていない明日を思い悩みません
心配も不安も手放します
あなたの創造のみ業《わざ》によって
このわたしが今ここにいるという恵みに感謝して
ただ純粋な喜びのうちに
あなたを呼びます
天の父よ

一日の始めの祈り

天の父よ
あなたのみ手の中で目覚め
新しい朝を迎えることができました
今日一日のすべてをおゆだねいたします

この一日
弱くて小さな神の子たちを
あなたの親心でお守りください

み心のうちに
出会う人々と喜びを分かち合い
どんなときも祈りを忘れず
すべてに感謝することができますように

旅立ちの祈り

天の父よ
いただいた新しい朝
あなたの招きにこたえて船出します

古い自分から歩み出て
ふるさとの港を離れ
あなたのみ国を目指します

嵐も難破も恐れません
愛の勝利を信じる仲間と共に
希望の海を渡りたいのです

あなたのみ言葉を羅針盤にして進み

いつかみもとに憩うその日まで
わが命をみ手にゆだねます

巡礼者の祈り

聖なる天の父よ
巡礼の道を歩む今日この日を感謝します

あなたに向かう一歩一歩は
生きる意味のすべてです
雨にぬれても足を痛めても
わたしはこの歩みをとめません
この道はあなたに続いていると思うだけで
心は喜びに満たされるのです

わたしたちを待っておられる天の父よ
今日一日分の歩みをおささげします

復活の朝を迎えた人の祈り

命の源である天の父よ
新しい朝を迎えてあなたをほめたたえます

あなたは命をよみがえらせ
悲しみを喜びに変え
闇に閉ざされた世界を天上の光で照らす方

すべての存在は永遠の命に満たされています

あなたは死を滅ぼし
心を生き返らせ
絶望している人に希望をもたらす方

命を愛しておられる天の父よ
復活の朝を迎えてあなたをほめたたえます

天の父への祈り

天の父よ
永遠なる天におられながら
今ここに共にいてくださる父よ

あなたは万物を支配する方であり
一人ひとりのわが子を育てる親です

大いなる天で小さなあなたの子らを愛するお方

あなたの栄光の輝きは天上に満ちあふれ
地上の最も小さな魂を満たします

偉大なる創造主であると同時に

このわたしを抱きしめてくださる父
おお、天の父よ

すべてをゆだねる祈り

すべてを満たす天の父よ
あなたは何も欠けたところのない
まことの安らぎです
あなたの愛を信じる者には
何ひとつ足りないものはありません

すべての人は生まれたときから
あなたのみ手の上で生かされています
波ひとつない湖に浮かんで
永遠の光に包まれている小舟のように
わたしのすべてをおゆだねします

天の父にささげる七つの祈り

天の父にささげる祈り

一

天の父よ
あなたがすべてにまさって大切にされますように
あなたがすべてを治めてくださいますように
あなたの思いがすべてにおいて実現しますように
今日生きるのに必要な恵みをお与えください
あなたの子どもたちをゆるすことができるように
あなたのゆるしに目覚めさせてください
あなたから決して離れることのないように

どんな悪い力からも救ってください

二

天の父よ
わたしたちの天の父よ
すべてを超える天におられながら
すべての子どもたちのうちにおられる父
あなたこそわたしたちのまことの親
すべてを支配し全能永遠でありながら
すべてのわが子を愛し続ける父よ
わたしたちは幸いな子どもです
天の父よ

三

天の父よ
生んでくださってありがとうございます
育ててくださってありがとうございます
わたしが今ここにいることを感謝します
あなたがおられることを賛美します
すべての出会いを良いものとして受け入れます
人々と愛し合えることが何よりの喜びです
あなたを知りあなたを愛することこそがわたしのすべてです
あなたに祈るわたしを祝福してください

四

天の父よ
あなたを愛します
あなたがすべてです
あなたの愛の中にすべてがあります
ほかにもう何もいりません
何も求めません
天の父よ
わたしはあなたのうちにおり
あなたはわたしのうちにおられます

すべての人はあなたのうちにあり
あなたはすべての人のうちにおられます
わたしの父
すべての人の父
天の父よ

五

天の父よ
何も持たないわたしを遣わしてください
何もできないわたしを用いてください
何ひとつ誇るもののないわたしを
あなたの道具としてください
不完全なわたしを使って
完全なみ業《わざ》を行ってください
あなたのお望みのために
この身をおささげします

どうかわたしを人々の喜びとし
あなたの喜びとしてください
天の父よ

六

天の父よ
わたしが生まれてきたのは
あなたの愛に目覚めるため
わたしが愛されているのは
あなたを愛するため
わたしが生かされているのは
あなたの愛を告げ知らせるためです
天の父よ
あなたのすべての子どもたちが

あなたの愛を知り
孤独とむなしさから解放されて
あなたを天の父よと呼ぶことができるように
わたしを祝福し
遣わしてください

七

天の父よ
あなたのみ前で黙ります
口を閉ざし
言葉をしずめて
おさなごのように
あなたの優しいお声に耳を澄ませます

あとがき

わたしは、キリスト教の神父です。

キリスト教の家庭に生まれて、子どものころから毎日のように祈ってきましたし、日曜日は欠かすことなく教会で祈り続けてきました。神父を目指して神学校に入ってからは、それこそ祈りの専門家になるために、朝から晩まで祈りづけの日々を送ったものです。

しかし、神学校で祈れば祈るほど、祈りとは何かが分からなくなっていきました。おそらくは、祈りの本質をまだ知らなかったためでしょう。形ばかりの偽善的な祈りを繰り返したり、自分かってなご利益を祈ってみたり、ただの独り言のような祈りをつぶやいたりしているうちに、心の中から平和も喜びも消えてしまったのです。ちょうどそのころ人間関係でも苦しみ、難しい哲学や神学に疲れ果てたこともあり、いつしか「神」さえも見失って、まったく祈ることができなくなってしまいました。

あのころの魂の闇を、今はどう表現していいのか分かりません。無人の荒野で泣きながら親を捜していた迷子が、日が暮れて立ち尽くし、恐ろしさのあまり泣くことさえできなくなった、そんな夜の闇とでもいえばいいでしょうか。

完全な孤独の中で、しかし最後に残っていたのが、祈りでした。

ある夜、虚無感が極まり、すべての言葉を失ってベッドの上に横たわっていたときに、不意にわたしの魂の底で祈りが生まれたのです。それは、叫び声のような原初的な祈りで、もしかするとそれが、生まれて初めて本当の意味で祈った瞬間なのかもしれません。ちょうど赤ちゃんが産声を上げたときのような、とても自然で、一瞬の祈りでした。

そのときの祈りを、あえて言葉にするならば、これしかありません。


「天の、父よ！」


この、たったひと言の祈りで、わたしは救われました。

その瞬間、ビッグバンのように光が現れ、宇宙の源である愛そのものに包まれていることに目覚めて、自分を忘れるほどの至福のときを過ごしたのです。それは、それまで観念でしかとらえていなかった「神」に人格的に触れた瞬間でもありました。

その後、神父になって、今日まで人々に天の父の愛を語り続けてこられたのは、まさにそのときの祈りのおかげです。光を見失っている多くの人に、この天の父への祈りを知ってほしいという思いで、この本を書きました。

よく、どう祈っていいか分からないという人がいます。口で唱えているだけの人もいます。自由に祈っているようでも、お決まりのパターンで祈っているだけの人もいます。それらはいずれも、「自分が祈る祈り」なのです。しかし、祈りの本質は、「すべてを天の父にゆだねる祈り」にあります。自分の祈りを手放して、ただ天の父のみ手の上に横たわり、その愛に身を任せる、そんな恵みのときが、真の祈りのときなのです。

この本の中には、このあとがきを除いて、「神」という言葉も、「キリスト」という言葉も、一度も出てきません。わたしの最初のエッセイ集『星言葉』も、さまざまな色のついた「神」という言葉を用いずに、すべてを超えた透明な神を語ろうという試みでしたが、幸い、二十年たった今も増刷し、多くの人に支持されて読み継がれています。この本にもそのように、特定の宗教を超えた、まことの親である「天の父」に親しんでもらいたいという願いを込めました。

天の父に親しむための、素朴な祈りの本をつくろうと思い立ってから、ずいぶんと時間がたってしまいました。祈りの言葉は奥が深く、ふさわしいひと言を求めることは、自分の信仰を問うことでもありました。そんな作業に忍耐強くつき合ってくださった編集者に感謝いたします。

掲載したお祈りの中には、「家庭の友」（サンパウロ）で連載した「いつもの祈り」をもとに書き直したものが含まれています。聖パウロ修道会にお礼申し上げます。なお、祈りの数については、会食を始めるときの祈りと会食を終えるときの祈りをひとつとして数えています。

聖書には、イエスが、朝早くまだ暗いうちに、人里離れた荒れ野に出て、たったひとりで祈っている姿が描かれています。そのときイエスは、どんな祈りをささげていたのでしょう。おそらく、おさなごのようにたったひと言「天の父よ！」と祈ったのではないかとわたしは思っています。わたしたちもそのように祈ったときに初めて、本当の意味でイエスと結ばれるのではないでしょうか。

晴佐久 昌英（はれさく・まさひで）

一九五七年、東京生まれ。上智大学神学部卒。一九八七年、東京教区司祭になる。

現在、カトリック浅草教会・上野教会主任司祭。

主著書に、『星言葉』『だいじょうぶだよ』『生きるためのひとこと』『幸いの書』『十字を切る』（女子パウロ会）、『あなたに話したい』『希望はここにある』『わたしは救われた』『ようこそ天の国へ』（教友社）、『福音宣言』（オリエンス宗教研究所）、『天国の窓』（サンパウロ）などがある。

電子書籍に、『だいじょうぶだよ』『十字を切る』『星言葉』『生きるためのひとこと』など。

おさなごのように

天の父に甘える七十七の祈り

＊

著者　晴佐久昌英

発行所　女子パウロ会

代表者　松岡陽子

〒107-0052　東京都港区赤坂 8-12-42
Tel.(03)3479-3943　Fax.(03)3479-3944
web サイト http://www.pauline.or.jp/

印刷所　図書印刷株式会社

初版発行　2018 年 7 月 20 日

ISBN978-4-7896-0795-7　C0016　NDC194